COLLECTION
FICHEBOOK

RABELAIS

Gargantua

Fiche de lecture

© *Les Éditions du Cénacle*, 2014.

ISBN 978-2-36788-500-1
Dépôt légal : novembre 2014

SOMMAIRE

- Biographie de Rabelais.................................... 8

- Présentation de Gargantua............................. 12

- Résumé du roman... 16

- Les raisons du succès....................................... 24

- Les thèmes principaux..................................... 28

- Étude du mouvement littéraire....................... 34

BIOGRAPHIE

RABELAIS

François Rabelais naît en 1483 (ou 1494, selon les critiques), près de Chinon. Son père est avocat et propriétaire, et destine son fils à devenir moine. François Rabelais reçoit une éducation de clerc et devient, à l'âge de quinze ans, novice dans l'ordre franciscain, qui est sévère et peu favorable au travail intellectuel. Puis, il devient moine à Fontenay-le-Comte, capitale du bas Poitou, en 1520. C'est là qu'il rencontre de jeunes érudits de province et qu'il commence à participer à l'émulation intellectuelle de son époque. Il forme avec ses amis un cercle consacré à la discussion, à la lecture, souvent même à la traduction de textes antiques. Ces jeunes gens dont fait partie Rabelais n'admettent plus la théologie passée et refusent la pensée médiévale, toujours tournée vers Dieu et vers le mépris de la terre. Ils centrent leur attention sur l'homme et la nature, cherchent à découvrir les lois physiques qui les gouvernent. C'est la naissance de l'esprit scientifique : Galilée explore l'univers, Christophe Colomb part à la découverte des continents, les expériences médicales deviennent de plus en plus nombreuses et novatrices. À la fin du xve siècle, l'invention de l'imprimerie par Gutenberg contribue beaucoup à l'expansion de l'esprit humaniste à travers la diffusion des livres. Aux alentours de 1525, Rabelais apprend le latin classique et le grec avec ses amis. Il s'initie également à la littérature de la renaissance italienne. Il découvre le droit romain avec ses commentaires médiévaux, et la science antique dans des ouvrages de médecins grecs et de naturalistes latins. Le supérieur de son couvent s'inquiète de ce foisonnement intellectuel ; il ordonne alors la dissolution de son cercle d'amis et lui confisque ses livres. Rabelais obtient de passer dans un ordre plus tolérant, les bénédictins, et de faire des séjours entre Poitiers et Paris.

En 1530, il abandonne l'habit monastique et part étudier la médecine à Paris et à Montpellier. Bachelier, il devient médecin à l'hôpital de Pont-du-Rhône à Lyon, en 1532. Il publie des traités de médecine antiques, procède à une des premières dissections en public et devient dès lors un praticien renommé. Sa curiosité est insatiable. Il correspond avec de très célèbres humanistes comme Erasme, qu'il admire énormément, ou encore Guillaume Budé, et cultive les belles lettres.

L'œuvre littéraire de Rabelais se concentre autour de la figure d'un « grand et énorme géant » : Pantagruel, roi des Dipsodes. *Les horribles et épouvantables faits et prouesses du très renommé Pantagruel Roi des Dipsodes, fils du Grand Géant Gargantua* est publié en 1532 et signé « Maistre Alcofribas Nasier », anagramme de François Rabelais. L'œuvre est rapidement censurée. Rabelais répond à la censure quelques années plus tard en publiant *Gargantua*, l'histoire du père de Pantagruel, qui sera également condamné par la Sorbonne.

En France, le roi François Ier voit longtemps d'un œil bienveillant le mouvement renaissant et réformateur. Mais il est peu à peu amené à soutenir l'Église officielle ; lorsqu'en 1534, des protestants placardent des affiches de propagande jusque dans la chambre royale, il se fâche. C'est l'affaire dite des « placards », après laquelle les protestants doivent fuir la France. Par prudence, Rabelais quitte Lyon et cesse d'écrire momentanément. Il obtient la protection de son oncle le cardinal Jean Du Bellay, et le suit à Rome comme secrétaire et médecin. Pourvu par son professeur d'une charge de chanoine dans son abbaye bénédictine, il voyage ensuite entre la France (Narbonne, Lyon) et l'Italie (Turin). Puis, il est nommé maître des requêtes ordinaires de l'hôtel du Roi. Avec l'obtention de cette charge, il restaure enfin son crédit après onze années de silence et de pérégrinations.

À partir de cette époque, les traces historiques de la vie de

Tiers Livre, lui aussi condamné, il doit se réfugier à Metz. Le nouveau roi de France, Henri II, lui accorde un bénéfice ecclésiastique important, la cure de Meudon. Il fait paraître le *Quart Livre*, un ouvrage antipapiste et antireligieux, puis s'en prend avec une égale vigueur à l'Église romaine et aux protestants, les « démoniacles Calvin et autres imposteurs de Genève ». La Sorbonne sévit et Rabelais est, dit-on, jeté en prison. Un an plus tard, en 1553, Rabelais meurt à Paris. On ignore s'il faut lui attribuer la suite du *Quart Livre*, intitulée le *Cinquième Livre*, parue onze ans après sa mort.

PRÉSENTATION DE GARGANTUA

Sous les dehors d'une grosse farce, Gargantua attaque les institutions universitaires et juridiques. La Sorbonne, où étaient réunis tous les érudits traditionalistes, censure l'œuvre. À ces condamnations officielles s'ajoutent des difficultés plus graves. À cette époque, les jeunes humanistes et les réformateurs religieux sympathisent. Dans un même désir de renouvellement, les deux groupes tentent de modifier une culture et une religion vieillies, en revenant aux sources de l'Antiquité et à la lecture de la Bible. Ainsi, l'œuvre de Rabelais est radicalement engagée dans son époque. Chronologiquement, *les Horribles et Épouvantables Faits et Prouesses du très renommé Pantagruel* parurent en 1532, avant *la Vie inestimable du grand Gargantua, père de Pantagruel*. La datation de *Gargantua* est difficile ; on sait seulement qu'il s'agit d'une suite pour *Pantagruel* composée entre 1533 et 1535, grâce à l'évocation plus ou moins implicite dans le texte de certains événements historiques comme l'affaire des « placards ».

Gargantua commence avec la naissance du bébé géant, au beau milieu d'un festin. Viennent ensuite les descriptions comiques, d'un réalisme invraisemblable, des occupations de Gargantua petit enfant. Sous prétexte de raconter l'éducation donnée au garçon, c'est une satire violente des méthodes de la Sorbonne et de ses professeurs qui se dessine, auxquels s'oppose le personnage de Ponocrates, qui élève Gargantua selon les principes de la Renaissance. Grandgousier, le père de Gargantua, est attaqué sur ses terres par Picrochole, seigneur voisin belliqueux et intolérant. Il appelle alors son fils, devenu adulte, à la rescousse. Les vaincus sont traités avec humanité et frère Jean, qui s'est distingué pendant la bataille, peut en récompense bâtir une abbaye selon ses vœux : c'est la célèbre abbaye de Thélème, une cour érudite et raffinée où de jeunes seigneurs et dames vivent librement selon la règle : « Fais ce que tu voudras. »

Gargantua comprend un prologue et cinquante-six chapitres dont deux versifiés. Chaque chapitre est doté d'un titre qui résume les principaux faits pour attirer l'attention du lecteur ou de l'auditeur, à la manière des textes latins. Le titre est souvent très développé, comme dans les romans médiévaux de chevalerie.

RÉSUMÉ DU ROMAN

« Aux lecteurs »

Rabelais adresse une note à ses lecteurs. Dès le commencement, *Gargantua* est placé sous l'effigie du rire : « Il vaut mieux traiter du rire que des larmes / Parce que rire est le propre de l'homme. »

« Prologue »

L'auteur s'adresse à un public averti et critique. Il cite *Le Banquet* et *La République* de Platon, Socrate, Homère et Ovide, des figures d'autorité, pour appuyer la crédibilité de son œuvre et se défendre d'une éventuelle censure. Mais déjà la tonalité est chargée d'ironie, car Rabelais s'amuse aussi à citer des auteurs improbables : « selon Galien au livre III des *Facultés naturelles* et au livre XI de *L'Usage des parties du corps*... »

Chapitres I à V : avant la naissance de Gargantua

Le narrateur renvoie au *Pantagruel* pour en apprendre davantage sur l'histoire de Gargantua. Néanmoins, il donne un aperçu de la généalogie de sa famille. Puis, il fait quelques digressions sur sa propre généalogie. Le traité intitulé *Les Bulles d'air immunisées* est inséré par le narrateur au chapitre II et commente la lignée des hommes depuis l'Antiquité. Puis, il présente Grandgousier et Gargamelle, le père et la mère de Gargantua. Le narrateur justifie la vraisemblance d'une grossesse de onze mois en mobilisant plusieurs traités, dont ceux d'Hippocrate et des « messieurs les anciens Pantagruélistes ».

Grandgousier est un « fier luron » et sa femme « un beau brin de fille de bonne trogne ». Celle-ci mange des « tripes » à « profusion » tandis qu'elle est enceinte. Au chapitre V, est fait l'éloge de la nourriture et de la boisson lors d'un grand festin. Le repas est gigantesque et tout y est décrit en termes élogieux : « Chantons, buvons, entonnons un cantique ! » La famille et les amis sont en liesse.

Chapitres VI à XIII : naissance et enfance de Gargantua

La naissance de Gargantua est des plus étranges. Parce qu'elle a mangé trop de tripes, les intestins de Gargamelle se dilatent et Gargantua naît par l'oreille : « l'enfant […] grimpant à travers le diaphragme jusqu'au dessus des épaules […] prit son chemin à gauche et sortit par l'oreille de ce même côté. » Le narrateur défend la véracité d'un tel récit en évoquant des exemples proches de naissances improbables, comme celle de Bacchus « engendré de la cuisse de Jupiter », de Croquemouche, « de la pantoufle de sa nourrice » ou d'Adonis, « par l'écorce d'un arbre à myrrhe ». Pendant ce temps, Grandgousier boit avec ses amis. Il entend le premier cri de son fils, qui demande : « À boire ! à boire ! à boire ! » On lui donne à boire « à tire-larigot », puis il est baptisé. On l'habille ensuite tout de blanc et de bleu.

Le narrateur décrit les vêtements et les chaussures de Gargantua. Il porte un médaillon sur lequel est inscrit : « LA CHARITÉ NE CHERCHE PAS SON PROPRE AVANTAGE. » Le bleu et le blanc sont synonymes, pour le père, de « joie céleste », « car pour lui le blanc signifiait joie, plaisir, délices et réjouissances, et le bleu, choses célestes. » Le thème s'étend sur les chapitres IX et X.

Dès l'âge de trois ans et jusqu'à ses cinq ans, Gargantua est formé « dans toutes les disciplines qu'il convient », « autrement dit à boire, manger et dormir ». Il se roule dans la boue,

« piss[e] sur ses chaussures ». Il est doté d'une grande force physique. On lui offre un cheval de bois, « pour que toute sa vie il fût bon chevaucheur ». Son enfance s'achève sur la fierté du père qui revient de guerre et apprend que son fils a trouvé, au terme de nombreuses recherches, une façon agréable de se « torcher le cul » : en se servant d'un oison (petit de l'oie). C'est pour Gargantua le moyen « le plus seigneurial, le plus excellent et le plus efficace qu'on ait jamais vu ». Il récite un poème à son père « en rimant » sur la défécation : « En chiant l'autre jour j'ai flairé / L'impôt que mon cul réclamait. »

Chapitres XIV à XXIV : l'éducation de Gargantua

Grandgousier veut instruire Gargantua à la juste mesure de son intelligence et de son « génie », « sans regard[er] à la dépense ». Il emploi tout d'abord un maître sophiste, Thubal Holopherne. Avec lui, Gargantua apprend « l'abécédaire » par cœur, ainsi que les traités de grammaire. La durée d'apprentissage est gigantesque : cinq ans et trois mois pour apprendre l'alphabet, treize ans et demi pour lire trois livres, et presque dix-neuf ans pour un seul manuel. L'enseignement est inefficace car Gargantua ne retient rien, il devient « fou, niais, tout rêveur et radoteur ». Grandgousier décide alors de placer son fils « sous la tutelle d'autres pédagogues ». On nomme Eudémon comme nouveau précepteur. À l'inverse de Gargantua, qui a étudié cinquante-quatre ans pour ne savoir que « pleurer comme une vache », Eudémon n'a mis que deux ans à maîtriser la langue latine. Grandgousier engage également Ponocrates, le « pédagogue » d'Eudémon, pour former Gargantua efficacement. Grandgousier décide qu'ils « iraient tous ensemble à Paris, pour savoir quelle éducation recevait les jeunes gens de France à ce moment-là ».

Gargantua est donc envoyé à Paris, à cheval sur une jument

qui arrache toute la forêt sur son passage. Pour remercier les parisiens de leur accueil, il « compiss[e] » du haut des tours de Notre Dame pour leur « payer à boire ». Puis, il pend les cloches de Notre-Dame « au cou de sa jument ». C'est le théologien Janotus de Bragmardo qui récupère les cloches, avant de faire à Gargantua et ses précepteurs une harangue en latin et en français. Ponocrates et Eudémon s'esclaffent, tant et si bien que Janotus lui-même rit avec eux. Gargantua est ensuite jugé par la cour et les sorbonnards. Le procès fini, il s'en remet à l'enseignement de Ponocrates.

Tout d'abord, son précepteur observe les acquis de ses études antérieures (chapitre XX, programme d'une journée), puis, aux deux chapitres suivant, il prend le contre-pied de ces méthodes et lui propose une instruction humaniste, « selon une méthode telle qu'il ne perdait pas une heure de la journée ». C'est à ce moment qu'on enseigne également à Gargantua l'art militaire. La journée d'éducation établit un lien entre le plaisir du savoir et celui de la bonne chair. Ponocrates équilibre les excès des sophistes et réhabilite les soins du corps et de l'esprit.

Chapitres XXV à L : la guerre Picrocholine

L'origine du conflit qui est raconté ici tient à une querelle locale entre les bergers de Grandgousier et les « fouaciers » (fabricants de la fouace, une pâtisserie) de Lerné, un bourg proche. Les torts ne sont pas partagés : les fouaciers répondent par des insultes gratuites à une proposition honnête des bergers de Grandgousier et frappent les premiers. Les bergers frappent en retour et s'emparent des fouaces ; en revanche, ils les paient. La balance de la justice penche donc en faveur des bergers.

Au lieu d'apaiser ce qui n'était qu'une petite querelle, le

roi de Lerné, Picrochole, déclare la mobilisation générale et attaque le pays de Grandgousier sans même lui avoir déclaré la guerre. Le personnage agit avec démesure.

Sur leur chemin, les soldats de Picrochole rencontrent frère Jean des Entommeurs (« jeune, fier, pimpant, joyeux, pas manchot ») à l'abbaye de Seuilly, qui leur inflige une mémorable leçon, tuant 13 622 d'entre eux. Picrochole prend d'assaut la Roche-Clermault. Grandgousier est averti des événements. Il écrit une lettre à son fils Gargantua (chapitre XXIX) pour le faire revenir en toute hâte.

Grandgousier souhaite tout faire pour éviter la guerre. Il envoie un ambassadeur, Ulrich Gallet, auprès de Picrochole qui refuse de le recevoir et répond par des insultes à un discours sage (harangue, chapitre XXXI). Dans un geste de bonne volonté, Grandgousier fait rendre les fouaces. Mais Picrochole, malgré les avertissements de Toucquedillon, son aide de camp, en conclut que Grandgousier a peur et décide de continuer la guerre. Des conseillers fous ou peu scrupuleux aiguillonnent sa folie des grandeurs. Il s'imagine déjà surpasser César et Alexandre, et conquérir la terre entière.

Gargantua revient donc dans son pays. Il envoie Gymnaste en éclaireur. Celui-ci, pris par les ennemis, les effraie par de la voltige, et tue un certain capitaine Tripet.

Gargantua détruit le château du Gué de Vède en le frappant avec un arbre déraciné, tandis que sa jument noie la troupe ennemie en lui urinant dessus. Après quoi, devant son père, il secoue sa chevelure et en fait tomber des boulets de canon, qu'il prend pour des poux. Puis, croyant manger de la laitue, il avale six pèlerins qui s'y étaient cachés.

Gargantua rencontre frère Jean, qui se révèle grand parleur et brave. Allusion est alors faite au désastre de Pavie, au cours duquel François Ier fut fait prisonnier en 1525. Gargantua et frère Jean discutent des bons et mauvais moines. Frère Jean défie tous les principes de la médecine.

Une expédition contre Picrochole est lancée : frère Jean, gêné par son harnachement, se retrouve pendu à un arbre. Suivent les combats : le moine tue un capitaine, se retrouve prisonnier mais se défait de ses gardiens. Il prend à revers les assaillants de Gargantua qui sont en déroute. Il ramène les pèlerins (ceux que Gargantua avait failli manger en salade) auprès de Grandgousier. Toucquedillon, l'aide de camp de Picrochole, prisonnier, est traité humainement et est renvoyé à son maître.

Tandis que Grandgousier appelle ses légions (allusion à François Ier, qui avait réorganisé son armée en s'inspirant de l'armée romaine), Toucquedillon se rend auprès de Picrochole et tente de lui faire entendre raison. Mais il est contredit par le courtisan Hastiveau, qu'il tue, avant d'être à son tour tué par Picrochole. L'armée de Picrochole, indignée, commence à s'agiter.

Gargantua assiège Picrochole dans la Roche-Clermault. Il marque alors la défaite complète de Picrochole qui s'enfuit, et perd jusqu'à son cheval et ses vêtements.

Gargantua prononce son discours aux vaincus (chapitre L). Il fait preuve d'une grande mansuétude ; il refuse en effet de conquérir le royaume de Picrochole, qui reviendra à son fils. D'ici-là, il sera gouverné par Ponocrates. On punit les responsables de la guerre, à savoir les fouaciers et les mauvais conseillers du roi.

Chapitres LI à LVIII : l'abbaye de Thélème

Tous les soldats des légions de Gargantua sont remerciés et invités à « prendre leurs quartiers d'hiver dans leurs postes et leurs garnisons ». Tous les morts sont inhumés avec respect.

Gargantua fait construire l'abbaye de Thélème pour

récompenser frère Jean pour sa bravoure. Les chapitres décrivent ensuite le logement, les vêtements des « thélémites », leur vie dans l'abbaye. L'abbaye convoque tous les styles dans sa construction : l'architecture est tantôt de style médiéval (l'enceinte est hexagonale, avec des tours) tantôt proche de celui de la renaissance (le corps de logis en marbre évoque les châteaux de la Loire, en particulier Blois ou Chambord). La construction convoque également un certain ésotérisme : c'est une variation sur le chiffre six (six côtés, six tours, six étages, six hommes d'armes). Au chapitre LIV, on découvre l'inscription sur la grande porte de Thélème : « Ci n'entrez pas, hypocrites, bigots / […] Filez ailleurs vendre vos erreurs. » Les vêtements des thélémites rappellent ceux de Gargantua. Ils vivent conformément à leur idéal humaniste. Le livre s'achève sur une « énigme en prophétie ».

LES RAISONS
DU SUCCÈS

À l'époque de la parution de *Gargantua*, la critique s'est trouvée partagée devant la diversité d'une telle production qui mélange tous les genres et tous les tons. En fait, on ne peut comprendre l'œuvre si l'on ne tient pas compte du fait qu'elle a été écrite d'une part en réaction contre le Moyen Âge, et d'autre part avec le dessein de proposer un « programme culturel » comprenant tous les domaines d'activités humaines : l'éducation et l'instruction, la justice, la guerre, le gouvernement.

L'éducation médiévale reposait avant tout sur la mémoire ; Rabelais la ridiculise en montrant son héros devenu fou, « tout rêveur et radoteur », après avoir dû apprendre par cœur, à l'endroit et à l'envers, des chapitres entiers de commentaires philosophiques. Il oppose à ce système son propre idéal : le jeune Gargantua est finalement instruit par la pratique, apprend le nom des choses en mangeant, cultive son corps par de nombreux exercices et apprend à raisonner pour devenir indépendant et, autant que possible, maître de lui-même.

La justice médiévale est soumise à la même critique ; Rabelais moque le langage ampoulé et creux. Il en est de même pour l'Église, dont il tourne en dérision l'organisation hiérarchique et son chef, le pape. Il rejette toute la culture médiévale à travers la violence du rire, les excès et la joie de vivre de ses personnages. Rabelais se moque d'une littérature qui s'appuie sur des textes anciens qui font autorité ; il singe cette méthode qui, poussée dans ses extrémités, devient ridicule, en multipliant les citations et les références et en donnant même de fausses. Si bien que toute son œuvre devient une incitation au rire. Les énumérations insensées et tous les procédés comiques participent à rendre la langue médiévale bouffonne et fragile.

Une question a longuement été débattue lors de la réception de *Gargantua* en France : pour quel public Rabelais a-t-il écrit ? Plusieurs théories se superposent. La diversité et la bigarrure de son écriture suppose d'abord un public hétéroclite.

Certains témoignages informent qu'il est lu par Montaigne comme un texte divertissant, et par d'autres lecteurs influencés par leur parti pris politique ou religieux comme une œuvre hérétique ou encore libertine. En prenant la culture médiévale à contre pieds, *Gargantua* se lit en effet comme une œuvre subversive.

À l'époque romantique, la critique avait propulsé Rabelais en auteur populaire ; mais le langage de rue et de foire qu'il utilise s'adresse en fait davantage à un public érudit, puisqu'il s'agit d'ajouter à ce qui est savant le langage populaire. C'est en ce sens que Mikhaïl Bakhtine (théoricien russe de la littérature) introduit au XXe siècle le thème carnavalesque et polyphonique de l'œuvre. Pour Rabelais, il s'agit d'oraliser ce qui est écrit, et le va-et-vient entre les deux ne peut être pleinement interprété que par un public habitué au langage écrit. D'ailleurs, le peuple ne lisait pas à l'époque de Rabelais. Et le vocabulaire technique, qu'il soit médical, rhétorique, liturgique, ou juridique, ou encore les référence aux Saintes Écritures, aux textes latins et grecs, à l'hébreu, sont autant d'éléments qui rendent la lecture peu accessible aux couches populaires.

Gargantua est moins un conte comique et gaulois qu'une œuvre d'idées et de style. Certes, il y a la volonté d'une large diffusion à travers la parution d'une édition populaire, mais celle-ci touche des lecteurs avertis, qu'ils soient humanistes ou non. Le succès de *Gargantua* au XVIe siècle est mineur en comparaison du succès de librairie qu'il obtient de nos jours.

LES THÈMES PRINCIPAUX

Chevalerie et apprentissage

Gargantua suit l'ordre chronologique d'un roman de chevalerie : l'enfance et l'éducation de Gargantua, la chevalerie et les prouesses, puis les victoires, qui conduisent à l'acquisition d'une certaine sagesse (l'abbaye de Thélème). La chronologie suit l'épanouissement du héros et sa formation dans la vie. Les vingt-deux premiers chapitres suivent en effet la croissance physique et intellectuelle du géant. Ce sont les digressions qui éloignent la trame chevaleresque, et prêtent au narrateur l'occasion de disserter sur la question juridique que pose la naissance d'un enfant, ou encore la question de sa conception, tantôt sur le plan scientifique, tantôt sur le plan religieux (naissance du Christ).

Gargantua tient en fait plutôt de la parodie du roman de chevalerie. Au lieu d'être dispensé par un seul mentor, l'enseignement de Gargantua se dédouble : celui du premier pédagogue suscite l'abrutissement de son élève, tandis que celui de Ponocrates, plus proche des humanistes, prépare l'adolescent au combat. Ainsi, la guerre picrocholine permet à Gargantua de mettre en pratique ses connaissances. Ses exploits épiques sont d'ailleurs l'occasion de parodier les prouesses des héros de chevalerie (la guerre picrocholine est poursuivie à coup d'arbres et de déluges urinaux). Ce sont les humanistes qui sont à l'origine de conseils plus sages, qui parachèvent l'apprentissage de Gargantua suite à ses exploits guerriers. La réflexion sur la vie monastique trouve sa place lors de la rencontre de Gargantua et de frère Jean. L'abbaye qui est confiée à celui-ci en remerciement pour ses services pendant la guerre est construite sur les plans et selon les règles humanistes.

Le traitement du temps dans *Gargantua* est également un élément de la parodie du roman de chevalerie. La petite enfance du héros (les cinq premières années) est à l'échelle humaine. Ce n'est pas le cas du début de son apprentissage improductif, qui s'étale sur une échelle de temps gigantesque. La soi-disant vraisemblance est torturée et mise à mal par les digressions et les repères détournés. Puis, sous la tutelle de Ponocrates, le temps ne s'écoule plus en années mais en journées bien remplies. La formation humaniste rend le temps plus flou par la suite, les études de Gargantua et la guerre picrocholine n'ont pas de durée délimitée avec précision. Seule compte alors l'activité du héros. Ce traitement temporel prépare en fait celui de l'abbaye de Thélème, qui est aussi abstrait que celui d'une utopie.

Oppositions et ambiguïtés

Dans *Gargantua*, on peut établir des parallèles entre plusieurs chapitres qui se révèlent souvent antithétiques. Les commentaires sur les vêtements de Gargantua dans les chapitres VII à IX correspondent avec la description des vêtements des Thélémites, chapitre LIV. L'épisode des cloches de Notre-Dame renvoie à l'abbaye de Thélème, qui n'en a pas. La Roche-Clermault est prise par Picrochole (chapitre XXVI) puis reprise par Gargantua (chapitre XLVI). Les beaux propos tenus sur la vie des moines aux chapitres XXXVII et XXXVIII sont les pendants des chapitres LI et LII dans lesquels frère Jean se bat. Les épisodes se font écho pour mieux s'éclairer les uns les autres. Le discours n'est plus manichéen, au contraire il développe un point de vue polyphonique.

De nombreuses oppositions sont également proposées ; les deux éducations par exemple : l'une est blâmée (nourriture abondante, absence d'exercice physique et d'hygiène, oisiveté, mémorisation mécanique qui n'incite pas à la compréhension) et l'autre louée (diète, exercices réguliers, jeu, variété, apprentissage des langues, étude pratique des matières). Les délibérations des conseils de Grandgousier et de Picrochole s'opposent aussi en tous points : chez le premier les hommes s'expriment librement, tandis que chez l'autre ils sont soumis à la flatterie ou aux violences. La mansuétude est absente au conseil de Picrochole. Ces jeux d'opposition se retrouvent aussi dans le caractère des personnages principaux. Le roi Grandgousier pacifique et généreux est à l'opposé du tyran Picrochole.

Le récit semble manichéen, mais il laisse en fait certaines obscurités, comme l'abbaye de Thélème (une utopie aux antipodes d'une communauté monastique traditionnelle), le personnage de frère Jean (moine et guerrier à la fois), ou l'énigme en prophétie qui clôt le roman. Le narrateur contribue à la dissimulation du sens. Rabelais rit des facéties du récit et se plaît à doubler le sens et l'image de la réalité. La vérité se trouve ainsi à la conjoncture des contradictions. La quête de Gargantua consiste en fait à accepter la coexistence des contraires sans chercher à les concilier.

Le comique, le burlesque

L'ambiguïté du roman est rendue lisible par le rire qui permet de se tenir à distance des partis pris. La guerre picrocholine serait une véritable boucherie si la tonalité n'était pas comique. Le programme de Ponocrates serait invivable si l'exagération n'était pas pour faire rire le lecteur. La gaillardise et la grossièreté sont à la limite des prolongements poétiques, dans l'épisode du torche-cul par exemple. Les détails scatologiques, comme les déluges d'urine, participent d'un comique grotesque. Les obscénités (jurons, allusions aux braguettes, démesure des propos) font partie d'un comique bouffon déjà présent dans la littérature médiévale.

Mais il ne s'agit pas seulement de ridiculiser un héritage, il s'agit aussi, à travers l'expression des plaisirs et des fonctions naturelles du corps humain, de lier l'esprit et le corps. La dualité de la nature humaine est imagée et reflétée par des scènes bouffonnes où coexistent le bas corporel et l'esprit rayonnant de savoir et d'ambition. Gargantua est l'image même du burlesque, puisqu'il est un prince qui adopte un langage et une conduite vulgaires. À l'inverse, il sert la tonalité héroï-comique en peignant ce qui est bas par un langage noble (épisode du torche-cul). De la même façon, les valeurs monastiques ou celles de la chevalerie sont tournées en dérision (par exemple, dans l'épisode où frère Jean fait égorger les ennemis qu'il a poussé à se confesser, en opposition avec la foi et la charité chrétienne). Les exagérations et les accumulations servent le caractère parodique de l'œuvre. La disproportion fait rire et détourne le sujet. Les nombres ne sont pas réalistes, de même que les énumérations dont le texte regorge. Par exemple, le butin des armées de Picrochole est fait de « bœufs, vaches, taureaux, veaux, génisses, brebis, moutons, chèvres, et boucs ; poules, chapons, poulets ». La dimension hyperbolique impose un monde de création fantaisiste dans lequel on peut rire même de ce qui est grave. Les calembours, les jeux de mots, les noms, attirent la complicité du lecteur avec le narrateur ; le ton satirique est nuancé, moins acerbe.

Le gigantisme qui caractérise les personnages de *Gargantua* participe également au rire, mais aussi à la création d'un héros de conte merveilleux, un héros intemporel. Parfois, ces personnages gigantesques, prêts à manger des pèlerins en salade, perdent de leur taille et deviennent l'égal des autres hommes. C'est le cas de Gargantua, qui devient l'égal de frère Jean, héros de la guerre picrocholine.

Humanisme

Le personnage de Gargantua fait rire et introduit une satire violente à travers ce thème de gigantisme. Il y a une évolution à noter : le gigantisme est physique dans un premier temps, puis c'est par la sagesse que Gargantua devient un géant. Ce sont les pouvoirs de l'intelligence et de l'humanisme qui sont ici symbolisés. L'éducation est porteuse de cet immense espoir en la nature humaine que nourrissent les humanistes. La lettre de Grandgousier est empreinte des notions d'*otium*, c'est-à-dire de loisirs studieux, d'*hybris* (ou démesure), illustré par Picrochole, et de mesure, que met en pratique Grandgousier. La confiance en Dieu côtoie les références antiques pour illustrer un synergisme entre la philosophie antique et la pensée évangélique. C'est un humanisme qui réfléchit sur la place de l'homme dans le monde et sur sa dignité. La paresse et la désinvolture de Gargantua se changent en sensibilité au devoir et à l'activité saine.

Cela dit, Gargantua sait aussi parodier la langue humaniste formée sur le latin. En effet, les hellénismes et les latinismes de la langue savante rencontrent souvent dans le roman les expressions truculentes de la langue vernaculaire, aussi bien dans les discours que dans les échanges épistolaires ou dans les dialogues.

Rabelais puise dans tous les styles : théâtral, narratif, rhétorique. La parole, à travers le récit du narrateur, devient un instrument fondamental pour illustrer l'ambiguïté du roman. La parole de Gargantua dans son discours aux vaincus est aussi forte que celle utilisée dans le discours impérialiste des conseillers de Picrochole. Elle est aussi bien au service du bien que du mal, pour reprendre le schéma manichéen des personnages. Le langage rabelaisien porte les contradictions dans lesquelles ils évoluent : les principes humanistes et évangélistes sont aussi bien défendus que les massacres de la guerre. Dans un même personnage tel que frère Jean, coexistent la douceur et la cruauté, la beauté et la laideur, la richesse et la pauvreté, les exigences du corps et celles de l'esprit, la joie et l'inquiétude. L'abbaye de Thélème est un lieu monastique parce qu'il sépare ses occupants du reste des hommes « ni libères, ni bien nés », mais on y vit dans le luxe et les plaisirs. Cette vie monastique échappe à l'anarchie à travers les relations que les occupants entretiennent les uns avec les autres ; les liens d'amitié permettent à Gargantua d'emporter la victoire, d'une certaine façon ils harmonisent l'ensemble des contradictions soulevées dans le roman.

ÉTUDE DU MOUVEMENT LITTÉRAIRE

Rabelais est un écrivain de la Renaissance. On appelle Renaissance la période historique pendant laquelle les arts, la littérature et la philosophie se sont totalement renouvelés, au XIVe siècle en Italie tout d'abord, puis en Europe entre les XVe et XVIe siècle. Cette période se caractérise par un retour à l'Antiquité, aux textes grecs, latins ou hébraïques. Rabelais édite des textes des médecins grecs Hippocrate et Galien, qu'il traduit.

Gargantua, dans une lettre à son fils Pantagruel, vante ce nouvel esprit : « Maintenant toutes disciplines sont restituées, les langues instaurées. Grecque, sans laquelle c'est honte qu'une personne se dise savante. Hébraïque, chaldaïque, latine. […] Tant y a que, en l'âge où je suis, j'ai été contraint d'apprendre les lettres grecques, […] et volontiers me délecte à lire les *Moraux* de Plutarque, les beaux dialogues de Platon. »

Pour l'apprentissage de ces langues fondamentales, François Ier crée une « noble et trilingue académie », le Collège des lecteurs royaux, devenu aujourd'hui le Collège de France. Ce n'est pas tant le recours à la pensée antique qui change mais la manière d'y recourir et de la considérer. L'architecture s'enthousiasme pour l'art gréco-romain. Dans le monde littéraire, c'est Pétrarque puis Boccace qui participent aux révolutions de la Renaissance. Ces deux érudits ont l'un et l'autre recours à la langue vulgaire (dans le *Decameron* de Boccace, par exemple) et ne se contentent pas d'une œuvre philologique et savante. La Renaissance instaure aussi un nouvel art de vivre que les français découvrent dans les cours italiennes. Entre 1532 et 1535, Rabelais voyage justement en Italie, période de l'écriture de *Pantagruel* et de *Gargantua*. La condamnation des guerres, le goût des utopies, de l'élégance, de la politesse et de l'harmonie qui président à la vie des Thélémites, qui apparaissent dans ses œuvres, font de lui un homme de la Renaissance. Il emprunte à sa culture médiévale pour défendre une nouvelle érudition, et devient ainsi humaniste.

L'humanisme désigne le mouvement qui a pris racine à la fin du XVe siècle en réaction contre le Moyen Âge, réputé barbare et obscur, pour donner une nouvelle lumière à l'Antiquité. *Humanitas* désignait chez les écrivains latins une culture classique et les principes moraux qu'elle implique. Les humanistes du XVIe siècle sont bel et bien des humanistes au sens général du terme puisqu'ils reprennent les pensées de la philosophie antique, celle des Anciens, en en faisant une nouvelle lecture, plus laïque.

Ce qui intéresse les humanistes, ce n'est plus Dieu mais l'homme physique et moral tel qu'il peut s'épanouir en société. L'homme et Dieu se retrouvent associés pour le déroulement d'une vie. Les esquisses anatomiques de Rabelais et la mise en évidence des fonctions corporelles marquent cette libération de l'homme d'une volonté divine. L'homme retrouve son autonomie de jugement et son rôle à jouer dans l'organisation de la société. Une telle place de l'homme bouleverse son rapport à Dieu et à la foi. En effet, la culture antique, éminemment païenne, doit à l'époque de Rabelais être conciliée avec la foi chrétienne et catholique. C'est toute la difficulté. Rabelais s'inscrit ainsi dans cette période de crise religieuse. Dans *Gargantua*, il met en scène la part active de l'homme dans son salut, en faisant par exemple frère Jean se servir de sa croix comme arme pour protéger ses réserves de vin, qui participent de son plaisir de vie. De même, Gargantua renonce à ses études pour aller secourir son père. Rabelais présente les hommes artisans de leur propre destinée. La confiance que l'homme a en lui-même à la Renaissance ne va cela dit pas sans excès. Les humanistes se signalent aussi par leur impatience et leur démesure. Leur exubérance est ainsi cristallisée, dans *Gargantua*, par le thème du gigantisme.

Si Rabelais exalte constamment la nature et la vie en réaction violente contre le monde fermé du Moyen Âge, il ne faut pas s'étonner qu'au langage vide et mort des institutions médiévales il ait opposé la profusion, la richesse et la variété de sa propre langue. C'est de cela que notre vocabulaire, aujourd'hui encore, garde le souvenir : l'adjectif « rabelaisien » désigne l'abondance et le renouvellement incessant des phrases et des mots, de la truculence. Une fantaisie rayonnante se dégage de l'œuvre de Rabelais à travers l'invention verbale qui lui est propre. Il assemble et combine les mots, parfois il en invente la matière sonore (les sons de la langue), ce qui est pour lui une grande source de création. Rabelais nourrit la dimension ludique du texte à travers un jeu de syllabes qu'il déplace ou fait disparaître. L'exagération et l'allégorie, par exemple, sont deux procédés inspirés du Moyen Âge auxquels Rabelais rend toute la mesure comique (les « Andouilles »). Gargantua et Pantagruel protègent de la pluie toute une armée avec leur langue, ou encore suspendent les cloches de Notre-Dame au cou d'une jument. Ce sont autant de procédés à effet comique qui exaltent les principes rabelaisiens de la Renaissance.

DANS LA MÊME COLLECTION
(par ordre alphabétique)

- **Anonyme**, *La Farce de Maître Pathelin*
- **Anouilh**, *Antigone*
- **Aragon**, *Aurélien*
- **Aragon**, *Le Paysan de Paris*
- **Austen**, *Raison et Sentiments*
- **Balzac**, *Illusions perdues*
- **Balzac**, *La Femme de trente ans*
- **Balzac**, *Le Colonel Chabert*
- **Balzac**, *Le Lys dans la vallée*
- **Balzac**, *Le Père Goriot*
- **Barbey d'Aurevilly**, *L'Ensorcelée*
- **Barbey d'Aurevilly**, *Les Diaboliques*
- **Bataille**, *Ma mère*
- **Baudelaire**, *Les Fleurs du Mal*
- **Baudelaire**, *Petits poèmes en prose*
- **Beaumarchais**, *Le Barbier de Séville*
- **Beaumarchais**, *Le Mariage de Figaro*
- **Beauvoir**, *Mémoires d'une jeune fille rangée*
- **Beckett**, *En attendant Godot*
- **Beckett**, *Fin de partie*
- **Brecht**, *La Noce*
- **Brecht**, *La Résistible ascension d'Arturo Ui*
- **Brecht**, *Mère Courage et ses enfants*
- **Breton**, *Nadja*
- **Brontë**, *Jane Eyre*
- **Camus**, *L'Étranger*
- **Carroll**, *Alice au pays des merveilles*
- **Céline**, *Mort à crédit*

- **Céline**, *Voyage au bout de la nuit*
- **Chateaubriand**, *Atala*
- **Chateaubriand**, *René*
- **Chrétien de Troyes**, *Perceval*
- **Cocteau**, *La Machine infernale*
- **Cocteau**, *Les Enfants terribles*
- **Colette**, *Le Blé en herbe*
- **Corneille**, *Le Cid*
- **Crébillon fils**, *Les Égarements du cœur et de l'esprit*
- **Defoe**, *Robinson Crusoé*
- **Dickens**, *Oliver Twist*
- **Du Bellay**, *Les Regrets*
- **Dumas**, *Henri III et sa cour*
- **Duras**, *L'Amant*
- **Duras**, *La Pluie d'été*
- **Duras**, *Un barrage contre le Pacifique*
- **Flaubert**, *Bouvard et Pécuchet*
- **Flaubert**, *L'Éducation sentimentale*
- **Flaubert**, *Madame Bovary*
- **Flaubert**, *Salammbô*
- **Gary**, *La Vie devant soi*
- **Giraudoux**, *Électre*
- **Giraudoux**, *La Guerre de Troie n'aura pas lieu*
- **Gogol**, *Le Mariage*
- **Homère**, *L'Odyssée*
- **Hugo**, *Hernani*
- **Hugo**, *Les Misérables*
- **Hugo**, *Notre-Dame de Paris*
- **Huxley**, *Le Meilleur des mondes*
- **Jaccottet**, *À la lumière d'hiver*
- **James**, *Une vie à Londres*
- **Jarry**, *Ubu roi*
- **Kafka**, *La Métamorphose*

- **Kessel**, *Le Lion*
- **La Fayette**, *La Princesse de Clèves*
- **Le Clézio**, *Mondo et autres histoires*
- **Levi**, *Si c'est un homme*
- **London**, *Croc-Blanc*
- **London**, *L'Appel de la forêt*
- **Maupassant**, *Boule de suif*
- **Maupassant**, *Le Horla*
- **Maupassant**, *Une vie*
- **Molière**, *Amphitryon*
- **Molière**, *L'Avare*
- **Molière**, *Le Malade imaginaire*
- **Molière**, *Le Tartuffe*
- **Molière**, *Les Fourberies de Scapin*
- **Musset**, *Les Caprices de Marianne*
- **Musset**, *Lorenzaccio*
- **Musset**, *On ne badine pas avec l'amour*
- **Perec**, *La Disparition*
- **Perec**, *Les Choses*
- **Perrault**, *Contes*
- **Prévert**, *Paroles*
- **Prévost**, *Manon Lescaut*
- **Proust**, *À l'ombre des jeunes filles en fleurs*
- **Proust**, *Albertine disparue*
- **Proust**, *Du côté de chez Swann*
- **Proust**, *Le Côté de Guermantes*
- **Proust**, *Le Temps retrouvé*
- **Proust**, *Sodome et Gomorrhe*
- **Proust**, *Un amour de Swann*
- **Queneau**, *Exercices de style*
- **Quignard**, *Tous les matins du monde*
- **Rabelais**, *Pantagruel*

- **Racine**, *Andromaque*
- **Racine**, *Bérénice*
- **Racine**, *Britannicus*
- **Racine**, *Phèdre*
- **Renard**, *Poil de carotte*
- **Rimbaud**, *Une saison en enfer*
- **Sagan**, *Bonjour tristesse*
- **Saint-Exupéry**, *Le Petit Prince*
- **Sarraute**, *Enfance*
- **Sarraute**, *Tropismes*
- **Sartre**, *Huis clos*
- **Sartre**, *La Nausée*
- **Senghor**, *La Belle histoire de Leuk-le-lièvre*
- **Shakespeare**, *Roméo et Juliette*
- **Steinbeck**, *Les Raisins de la colère*
- **Stendhal**, *La Chartreuse de Parme*
- **Stendhal**, *Le Rouge et le Noir*
- **Verlaine**, *Romances sans paroles*
- **Verne**, *Une ville flottante*
- **Verne**, *Voyage au centre de la Terre*
- **Vian**, *J'irai cracher sur vos tombes*
- **Vian**, *L'Arrache-cœur*
- **Vian**, *L'Écume des jours*
- **Voltaire**, *Candide*
- **Voltaire**, *Micromégas*
- **Zola**, *Au Bonheur des Dames*
- **Zola**, *Germinal*
- **Zola**, *L'Argent*
- **Zola**, *L'Assommoir*
- **Zola**, *La Bête humaine*
- **Zola**, *Nana*
- **Zola**, *Pot-Bouille*

CPSIA information can be obtained
at www.ICGtesting.com
Printed in the USA
BVHW031946081121
621125BV00005B/305